技工院校商贸类通用教材
中等职业学校商贸类通用教材

商务沟通（第二版）习题册

王璇超　主编

中国劳动社会保障出版社

简介

本书是《商务沟通（第二版）》的配套习题册。本书题型设计多样，包括名词解释、填空题、单项选择题、多项选择题、判断题、简答题、综合分析题等，力求充分体现教材的重点和难点，反映实际工作中将接触到的具体问题，使学生能够掌握有关知识和原理，并具有解决实际问题的能力。

本书由王璇超任主编，窦丽娟任副主编，于海悦、刘淼参加编写。

图书在版编目（CIP）数据

商务沟通（第二版）习题册 / 王璇超主编. -- 北京：中国劳动社会保障出版社，2025. -- (技工院校商贸类通用教材)(中等职业学校商贸类通用教材). -- ISBN 978-7-5167-6853-2

Ⅰ. F715-44

中国国家版本馆 CIP 数据核字第 20250XF883 号

商务沟通（第二版）习题册

SHANGWU GOUTONG (DI-ER BAN) XITICE

中国劳动社会保障出版社出版发行

（北京市惠新东街 1 号　邮政编码：100029）

*

北京鑫海金澳胶印有限公司印刷装订　　新华书店经销

787 毫米 ×1092 毫米　16 开本　2.5 印张　50 千字

2025 年 6 月第 1 版　　2025 年 6 月第 1 次印刷

定价：5.00 元

营销中心电话：400-606-6496

出版社网址：https://www.class.com.cn

https://jg.class.com.cn

目　　录

第一章　商务沟通概论

一、名词解释

1. 商务

2. 商务沟通

3. 语言沟通

4. 正式商务沟通

5. 商务沟通障碍

二、填空题

1. 沟通是为了一个设定的目标，将信息、思想和情感在个人或群体间进行________________，并且促使各方达成________________的过程。

2. 按照商务沟通载体不同，商务沟通可分为________________与________________

________两种。

3. 所有语言沟通类型中最直接的是________________，它的优点是信息传递和反馈十分________________。

4. 书面沟通涉及________________、________________等传递书面文字或符号的载体。

5. 自我沟通是指信息的发出者和接收者的行为均由一个人完成的商务沟通类型，自我沟通的过程包含________________和________________。

6. 按照商务沟通方式不同，商务沟通可分为________________和________________________两类。

7. 有效的商务沟通应该具有明确的________________，否则会造成信息发出者意思表达的混乱、模糊和含混不清，此时信息接收者只能靠经验和场景猜测对方的用意，这样极易导致商务沟通中产生________________。

8. 反馈就是商务沟通的参与者都期望得到的一种信息的________________。

9. 商务沟通过程就是________________将信息通过选定的渠道或媒介传递给________________的过程。

10. 商务人员的商务沟通行为会影响企业的公众形象，因此商务人员要自觉遵守________________和________________。

三、单项选择题

1.（　　）具有有形展示、长期保存、可用作证据等优点。

A. 书面沟通　　B. 口头沟通　　C. 时间沟通　　D. 空间沟通

2.（　　）是指通过某些媒介而非口头或书面的文字表达来传递信息的商务沟通类型，包括身体语言沟通、时间沟通和空间沟通等。

A. 语言沟通　　B. 非语言沟通　　C. 自我沟通　　D. 人际沟通

3.（　　）是指通过动态的目光、表情、手势语言等身体运动，或者静态的身体姿态、衣着打扮等身体表现进行的沟通。

A. 身体语言沟通　　B. 非语言沟通　　C. 时间沟通　　D. 空间沟通

4. 按照商务沟通涉及范围不同，商务沟通可分为自我沟通、（　　）、群体沟通三种。

A. 时间沟通　　B. 语言沟通　　C. 身体语言沟通　　D. 人际沟通

5. 以下属于自我沟通的是（　　）。

A. 自我反省　　B. 他人批评

C. 教师肯定　　D. 通报表扬

6. 群体沟通包括个体和群体之间的沟通以及群体和群体之间的沟通，以下不属于群体沟通的是（　　）。

A．会议　　B．演讲　　C．谈判　　D．一对一谈话

7．面对面的商务沟通中，很多信息是以肢体语言的形式进行传递的，以下属于肢体语言的是（　　）。

A．眼神　　B．语言　　C．书信　　D．邮件

8．以下不属于非正式沟通特点的是（　　）。

A．传播速度快　　B．范围广　　C．效率高　　D．简要

9．在商务活动开展过程中，当沟通的双方感觉自己被尊重且被认真倾听时，他们会更容易放下戒备心，并会反过来认真倾听对方讲话，进而建立更加和谐的情感联系，促成合作，这体现的是商务沟通（　　）的作用。

A．锻炼自身能力　　B．改善人际关系

C．调动积极性　　D．促进信息共享

10．（　　）是信息接收者接收信息发出者所发出的信息，经过理解、思考后，将产生的反应传达给信息发出者的过程。

A．反馈　　B．干扰　　C．妨碍　　D．障碍

四、多项选择题

1．以下属于正式商务沟通特点的有（　　）。

A．约束力强　　B．严肃性强　　C．权威性强　　D．保密性强

2．以下属于商务沟通过程模型要素的有（　　）。

A．信息发出者　　B．编码　　C．渠道或媒介　　D．信息接收者

3．信息发出者可以是个人，也可以是组织。信息发出者的主要任务有（　　）。

A．收集信息　　B．加工信息　　C．传播信息　　D．留置信息

4．根据商务沟通过程模型，商务沟通障碍的来源有（　　）。

A．来自信息发出者　　B．来自渠道或媒介

C．来自信息接收者　　D．来自干扰

5．以下属于来自信息发出者的障碍的有（　　）。

A．信息发出者的知识水平不足　　B．信息发出者的目标不明确

C．信息传播方式不协调　　D．信息过量

6．以下属于来自信息接收者的障碍的有（　　）。

A．解读失真　　B．知觉偏差

C．心理状态不良　　D．思想观念差异

7．以下属于排除商务沟通障碍的措施的有（　　）。

A．系统思考，充分准备　　B．因人制宜
C．调整心态　　D．关注非语言信息

8．商务沟通的发展趋势包括（　　）。
A．越来越重视客户的需求
B．越来越重视电子信息技术的应用
C．跨文化沟通增多
D．重视团队精神

9．有效商务沟通的策略包括（　　）。
A．端正沟通态度　　B．恪守职业道德
C．学会换位思考　　D．提高知识水平

10．来自渠道或媒介的障碍有（　　）。
A．渠道选择不当　　B．不同渠道的信息互相冲突
C．渠道过长　　D．缺乏反馈机制

五、判断题

1．口头沟通的缺陷是，在口头沟通的过程中，信息存在着巨大的失真可能性。（　　）

2．人际沟通必须发生在两个个体之间，有明确的信息发出者和接收者，还有传播信息的媒介，并且双方能达成理解上的一致。（　　）

3．群体沟通又称小组沟通或团队沟通，是指发生在两个个体之间的商务沟通类型。（　　）

4．正式商务沟通的缺点是信息需要经过层层传递，传递过程缺乏灵活性，效率较低，且正式商务沟通一般都是单向沟通，缺乏反馈机制，沟通效果难以保证。（　　）

5．虽然非正式商务沟通涉及的主体较多，但是绝对不会造成以讹传讹等不良后果，产生信息传播失真等问题。（　　）

6．通过商务沟通，人们可以交换有意义、有价值的商业信息，促进合作，促成双赢。（　　）

7．要想取得良好的商务沟通效果，必须掌握好商务沟通的时间、空间，把握好商务沟通的火候。（　　）

8．如果信息发出者对专业知识掌握不够，或对自己所传递的信息了解不够，只要在传递信息的过程中把自己所要传递的信息表达清楚，就能避免对方的不理解，不会造成商务沟通障碍。（　　）

9．在商务沟通中，信息传递可以采取多种方式进行，包括口头沟通、书面沟通等。（　　）

10. 为了使商务沟通顺利进行，商务人员要学会换位思考，试着站在对方的立场上去想问题。（ ）

六、简答题

1. 书面沟通的优点有哪些？具体体现在哪些方面？

2. 商务沟通能够解决哪些商务问题？

3. 商务沟通在商务交往中有什么作用？具体体现在哪些方面？

4. 商务沟通有哪些注意事项？

5. 有效商务沟通的基本特征有哪些？

七、综合分析题

1. 请借助书本、网络等，将下面关于商务沟通分类的图片补充完整。

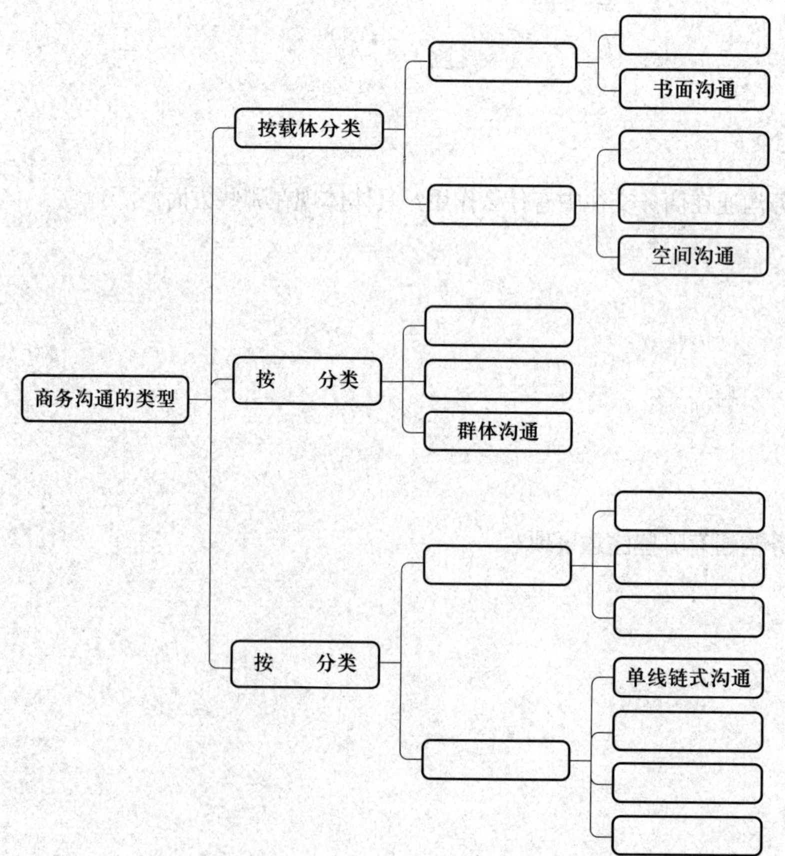

2. 将下列左侧各栏与对应的右侧各栏内容用直线连接起来。

信息发出者	理解信息，准确解释信息的障碍，妨碍信息沟通的任何因素都可以被看成是噪声。可分为外部噪声、内部噪声和语义噪声等类型
编码和译码	信息接收者接收信息发出者所发出的信息，经过理解、思考后，将产生的反应传达给信息发出者的过程
渠道或媒介	不同信息的传播要使用不同的渠道或媒介，商务人员应当根据商务活动的内容和目的选择恰当的渠道或媒介
信息接收者	可以是个人，也可以是组织。主要任务是信息的收集、加工及传播
反馈	信息发出者将信息编成一定的文字等语言符号及其他形式的符号的过程
干扰和妨碍	是信息发出者的信息传递对象，主要任务是接收信息发出者的思想和情感，并及时把自己的思想和情感反馈给对方

3. 阅读下列案例，回答问题。

甲乙公司的商务沟通

甲公司是一家拥有先进技术的科技企业，乙公司则在市场渠道方面有着深厚的资源，双方准备展开一次跨区域的商业合作。

起初，双方在合作意向和目标上存在一定的分歧。甲公司侧重于技术研发和产品质量，而乙公司更关注市场推广和销售策略。由于缺乏有效的沟通，项目进展缓慢，双方的合作关系也变得紧张。后来，双方决定组织一次商务沟通会议。在会议上，双方坦诚地交流了各自的优势、需求和期望。通过充分的沟通，他们发现彼此的目标并非不可调和，而是可以互补。

最终，双方达成了共识，制定了一个融合双方优势的合作方案。此后，项目顺利推进，产品成功推向市场，并取得了显著的经济效益。

（1）你认为甲乙双方进行商务沟通是否重要？为什么？

（2）在本案例中，商务沟通的重要性体现在哪些地方？

4．阅读下列案例，回答问题。

供应商与采购商的商务沟通问题

在一次采购商务洽谈中，供应商代表在介绍产品时，语言表述经常含混不清，尤其是关键信息模糊，让采购商难以理解产品的优势和特点。于是，采购商就产品情况向供应商代表进行提问，但供应商代表在回答问题时，态度敷衍，缺乏耐心，这让采购商感到不满。

而采购商一方在沟通中出现了不少问题，他们没有提前做好充分的准备，对市场情况和自身需求阐述不明，沟通过程中供应商根本无法准确地把握其真实意图。

进入谈判过程后，双方频繁打断对方，都急于表达自己的观点，使得交流陷入各自为战的混乱局面，直至最后双方也没有积极倾听对方的意见，只关注自身利益，忽视了合作共赢的可能性。

最终，这次商务洽谈不欢而散，双方失去了一次可能的合作机会。

（1）你认为双方是否做好了商务沟通的准备？

（2）在本案例中，商务沟通失败的原因有哪些？

5. 阅读下列案例，回答问题。

混淆沟通对象的商务沟通

在一次重要的项目合作洽谈中，A 公司与 B 公司进行具体项目的商务沟通。A 公司的负责人李某需要与 B 公司的项目经理张某、财务主管王某以及市场部负责人赵某分别沟通合作细节。然而，李某在发送关键的财务预算方案时，误将其发给了市场部负责人赵某，而不是财务主管王某。赵某对财务数据并不熟悉，无法给出专业的反馈和建议，认为李某是误发了，所以没有进行反馈。当王某迟迟未收到财务预算方案时，主动询问李某，才发现了这个问题。此时，项目的推进已经受到了影响。为了弥补这一失误，李某不得不紧急将方案重新发送给王某，并向赵某和王某诚恳道歉。这次错误让双方都意识到，在商务沟通中准确选择沟通对象的重要性，稍有不慎，就可能造成麻烦和损失。

（1）A、B 公司在商务沟通方面是否存在错误？如有，错误是什么？

（2）应该如何明确商务沟通对象？

第二章　商务沟通的形式

一、名词解释

1. 口头沟通

2. 面谈

3. 书面沟通

4. 网络沟通

5. 非语言沟通

二、填空题

1. 口头沟通的对象既包括同事，又包括___________、其他商业机构、___________等。

2. 在各类口头沟通中，___________沟通的时间一般较长，但是沟通较为充分，能够＿＿＿＿＿重要信息。

3. 从组织角度来看，有效的书面沟通有助于明确、清晰地传达任务，明确事务的＿＿＿＿＿，＿＿＿＿＿。

4. 书面沟通的首要原则是＿＿＿＿＿，＿＿＿＿＿是对书面沟通在内容和形式上的要求。

5. 概括＿＿＿＿＿所要做的工作就是将事物最主要的、最本质的属性＿＿＿＿出来。

6. 商务活动中的网络沟通分为三个层次：＿＿＿＿＿、企业外部网络沟通和＿＿＿＿＿。

7. 商务人员通过通信设备和互联网，进行线上视频交谈的网络沟通类型是指＿＿＿＿＿，可分为＿＿＿＿＿和多点会议。

8. 在商务沟通中，信息不仅可以通过语言传递，还能通过＿＿＿＿＿、＿＿＿＿等非语言元素进行传递。

9.＿＿＿＿＿是通过讲话的声音，如重音的位置、＿＿＿＿＿、停顿等来实现的。

10. 最容易被觉察的一种身体语言是＿＿＿＿＿，这是因为身体运动的幅度最大，最容易＿＿＿＿＿。

三、单项选择题

1. 下列选项中，(　　) 是商务活动中常见又重要的沟通形式之一，它主要通过口头语言实现商务信息的交流。

A. 口头沟通　　B. 书面沟通　　C. 邮件沟通　　D. 传真沟通

2. 下列选项中，(　　) 包括沟通过程中辅助仪器与设备的使用、环境的布置、着装的改变等。

A. 外部条件　　B. 副语言沟通　　C. 身体语言沟通　　D. 内部条件

3. 下列选项中，(　　) 是一种成本较低的口头沟通类型。

A. 视频会议　　B. 面谈　　C. 采访　　D. 电话沟通

4. 在商务会议上作为商务代表发言时，应略微 (　　)，避免发出尖细的声音，给听众沉稳、干练的感觉。

A. 提高音调　　B. 粗声粗气　　C. 降低音调　　D. 放松口腔

5. 谈话中间的 (　　) 也是一种特殊形式的沉默。

A. 微笑　　B. 咳嗽　　C. 停顿　　D. 唱歌

6. 下列选项中，(　　) 的优势是它能够给写作者充分的时间思考问题，完整地输出观点。

A. 书面沟通　　B. 口头沟通　　C. 视频会议　　D. 面谈

7. 一般书面沟通材料的写作过程包括（　　）、组织观点、提炼材料、起草初稿和修改成文五个步骤。

A. 收集资料　B. 电话告知　C. 分派任务　D. 打印材料

8. 下列选项中，（　　）是静态的造型动作基础，能衬托一个人美好的气质和风度，体现商务人员昂扬的精神状态和专业的职业素养。

A. 站姿　B. 走姿　C. 蹲姿　D. 坐姿

9. 撰写（　　）的常用行文顺序包括时间顺序、重要性顺序、结构顺序等，采用何种顺序应根据具体情况而定。

A. 讲话稿　B. 工作总结　C. 会议记录　D. 会议讲话

10. 网络沟通的基本前提是（　　）。

A. 实事求是　B. 严谨规范　C. 互相尊重　D. 保守秘密

四、多项选择题

1. 以下属于口头沟通常见形式的有（　　）。

A. 口头汇报　B. 会谈　C. 讨论　D. 报告

2. 以下属于商务活动中的口头沟通常见阶段的有（　　）。

A. 寒暄　B. 前馈　C. 进入正题　D. 反馈

3. 以下属于特殊口头沟通技巧的有（　　）。

A. 直言不讳　B. 幽默　C. 反语　D. 委婉

4. 沉默有多种含义，以下可以用沉默表示的有（　　）。

A. 无言的赞许　B. 无声的抗议

C. 欣然接受对方意见　D. 保留己见

5. 以下属于网络沟通特征的有（　　）。

A. 传播范围广　B. 有时间与地域限制

C. 反馈迅速　D. 可降低信息沟通的成本

6. 以下属于即时通信特征的有（　　）。

A. 降低信息沟通的成本　B. 宣传推广

C. 联络客户　D. 挖掘客户资源

7. 商务人员在进行网络沟通时，应注意的事项包括（　　）。

A. 不随意发布内部文件

B. 注意防范计算机病毒

C. 注意防范黑客入侵

D. 慎重对待不明来源的电子邮件和信息

8. 以下属于非语言沟通的有（　　）。

A. 身体语言沟通　　B. 副语言沟通

C. 外部条件的利用　　D. 面试

9. 以下属于动态的身体语言沟通的有（　　）。

A. 目光　　B. 表情　　C. 手势　　D. 肢体运动

10. 以下属于非语言沟通表现形式的有（　　）。

A. 眼神　　B. 表情　　C. 空间距离　　D. 造型

五、判断题

1. 通知、报告、合同、方案书等都是书面沟通的体现。（　　）

2. 口头沟通应当遵循正确、清晰、完整、简洁的原则。（　　）

3. 写工作总结要明确展示自己的工作成果。成果包括行为结果和成就结果，“行为”指的是过程，“成就”指的是行为的效果。（　　）

4. 网络沟通可以代替传统沟通方式。（　　）

5. 电子邮件格式固定，但不属于正式通知，也不能作为法律证据。（　　）

6. 身体语言沟通包括动态的身体语言沟通和静态的身体语言沟通。（　　）

7. 同眼神一样，表情也可以有效地表现肯定与否定、接纳与拒绝、积极与消极等各种类型的情感。（　　）

8. 安全空间会随情境、单位空间内的人员密度、沟通参与者的文化背景及个人性格等因素发生变化，但安全距离的远近会体现出人与人之间心理距离的远近，也会对沟通的氛围产生影响。（　　）

9. 商务人员的造型，无论是发型、服饰、妆容还是随身携带的物品，与商务活动本身无关，不能体现其性格特点和工作态度。（　　）

10. 对他人表示感谢及回礼时，应行15° 鞠躬礼。在重大场合，应行30° 鞠躬礼。（　　）

六、简答题

1. 口头沟通的特征是什么？

2. 基本的口头沟通技巧有哪些？

3. 为什么直言不讳是在多数场合均比较适合的沟通技巧？它有哪些注意事项？

4. 适合采用委婉的沟通技巧的情况有哪些？

5. 网络沟通的技巧有哪些？

七、综合分析题

1. 请借助书本、网络等，将下面关于口头沟通分类的图片补充完整。

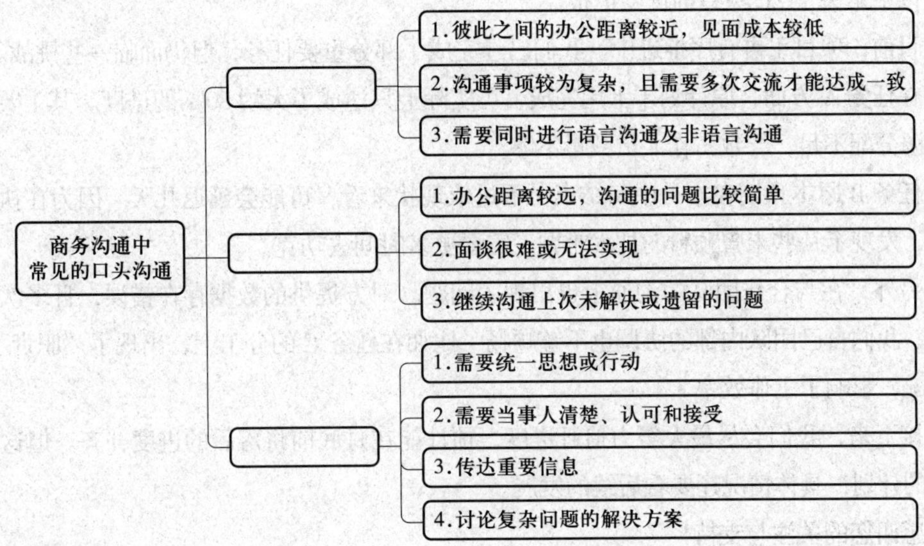

2. 将下列左、中、右三栏相关联的内容用直线连接起来。

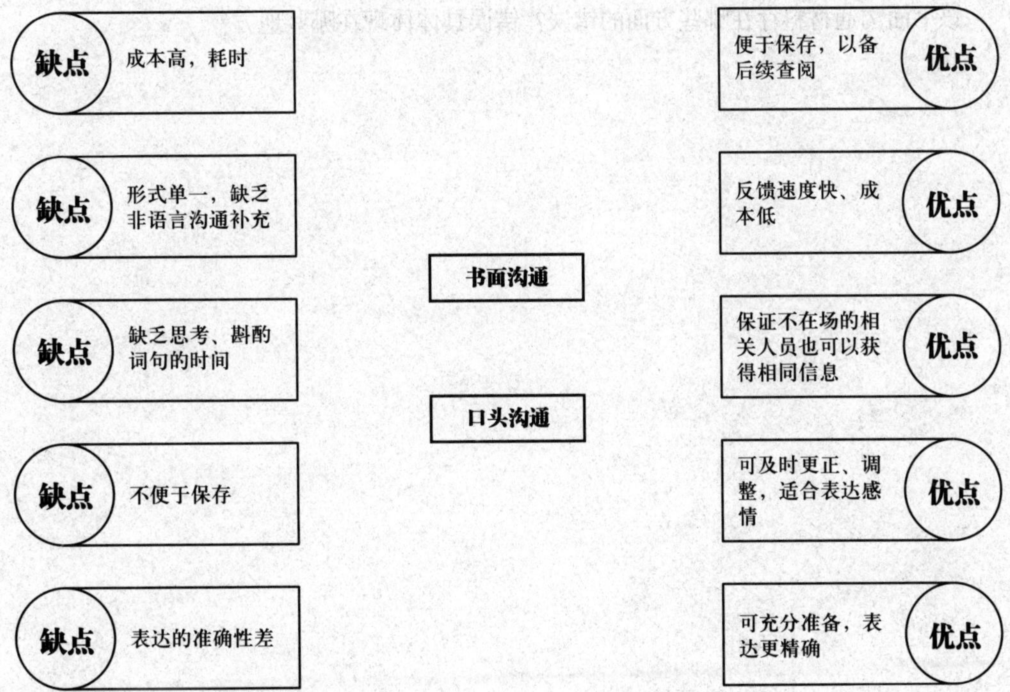

3. 阅读下列案例，回答问题。

ZC 项目进度汇报

尊敬的领导：

以下是关于 ZC 项目的进度汇报。

目前，项目正再有序推进中。我们已经完成了部分重要任务，但仍面临一些挑战。

在任务 A 方面，原计划于上周完成，可实际上只达成了大约 80% 的进度。其主要原因是资源分配不足，导致工作人员数量不够。

任务 B 原本预期在本月中旬结束，不过依现状来看，可能会延迟几天。因为在执行过程中，发现了一些未曾预料的技术难题，需要更多时间去功克。

另外，在与合作团队的沟通上也出现了问题。对方提供的数据存在错误，且多次沟通无果。我们自己团队内部的协调也不够顺畅，比如在任务 C 的分工上，出现了“职责不清”的情况，影响了工作效率。

接下来，我们会尽最大努力追赶进度，预计能在月底前将落后的进度补齐。但这只是初步的计划，具体情况还要看后续的发展。

感谢您的关注与支持！

汇报人：姜珊珊

该书面沟通材料存在哪些方面的错误？错误具体体现在哪些地方？

4. 阅读下列案例，回答问题。

小李的汇报

在一次公司部门会议上，员工小李负责向大家汇报新产品的市场调研情况。

小李说道："嗯，那个，大家好。就是关于这个新产品的调研哈，我们去了几个市场，然后吧，发现这个产品可能，我是说可能啊，有一定的市场需求。但是呢，具体有多少也不太好说。反正就是有的人表示感兴趣，有的人好像不太在意。"他接着说："然后关于竞争对手呢，有那么几家，但是具体他们的优势和劣势，嗯，我还没完全搞清楚。反正感觉竞争压力还是有一些的。"

"再说到价格方面，我们初步觉得吧，定价不能太高，也不能太低。可到底定多少合适，还得再商量商量。还有啊，宣传渠道这块，电视广告、网络推广啥的都可以考虑，不过具体怎么选，还没确定。"

说完这些，大家都一脸茫然，完全不清楚这次调研的重点和结论是什么，最终大家面面相觑，默不作声。

小李的汇报存在哪些方面的问题？这些问题具体有哪些？

5. 阅读下列案例，回答问题。

混乱的沟通

在一个项目合作的微信群里，甲方负责人 A 和乙方项目团队成员正在进行沟通。

A：“咱们这个项目的进度太慢了，能不能加快点儿？”

乙方成员 B 回复：“哎呀，这不是遇到些困难嘛，没办法。”

A：“什么困难？具体说说。”

B：“就是技术上有点问题，一时半会儿解决不了。”

A：“那你们打算怎么解决？总不能一直拖着吧！”

这时乙方成员 C 插话：“我们也在想办法呀，急也没用。”

A 有些生气：“这都多久了，还没个解决方案？”

B：“您别着急，会解决的。”

A：“我能不着急吗？都快到交付日期了！”

乙方成员 D 又插话：“我们也不想这样，可这真不是我们能控制的。”

A：“那你们到底什么时候能给我一个确切的解决时间和方案？”

B 回复：“再给我们几天时间看看。”

A：“几天？三天还是五天？给我个准数！”

然而，乙方团队成员都不再回复了。

在这个网络沟通案例中，乙方团队成员的回复存在哪些方面的问题？这些问题具体有哪些？

第三章　商务沟通的基本技能

一、名词解释

1. 职业素质

2. 压力

3. 倾听

4. 结构化表达

5. 冲突

二、填空题

1. ＿＿＿＿＿＿是指冲突中的各方只关心自己的诉求，忽视他人诉求的应对方式。采取这种应对方式的人，在沟通关系中往往处于＿＿＿＿＿＿地位。

2. 在个人道德素质之外，商务人员还应格外注意在商务沟通过程中保护＿＿＿＿＿＿，不传播本公司的＿＿＿＿＿＿等。

3. 对于商务人员而言，工作中的压力可以分为＿＿＿＿＿＿、＿＿＿＿＿＿、＿＿＿＿＿＿三种。

4. 各项信息分析和评价都必须建立在＿＿＿＿＿＿的基础上，如果收集的信息＿＿＿＿＿＿，就会给后续工作埋下隐患，甚至造成不可估量的损失。

5. 信息准备的＿＿＿＿＿＿原则就是要求商务人员＿＿＿＿＿＿市场上有价值的情报、信息，以便在沟通中参考利用。

6. 信息准备的内容主要是指与需要沟通的商务活动密切相关的信息，信息准备的内容可以分为＿＿＿＿＿＿和＿＿＿＿＿＿两个方面。

7. 倾听中的障碍主要存在于＿＿＿＿＿＿和＿＿＿＿＿＿两个方面。

8. 商务沟通中的倾听大多有明确目的。在多数情况下，双方沟通的目的是交流观点、联络情感，而不是＿＿＿＿＿＿。倾听的主要目的是＿＿＿＿＿＿，交流信息，＿＿＿＿＿＿，而非争论输赢。

9. 结构化沟通分类清楚的特点即要求商务人员要按照“＿＿＿＿＿＿、＿＿＿＿＿＿”的原则，对信息进行分类。

10. 依据冲突对组织的不同作用，商务沟通中的冲突可以分为＿＿＿＿＿＿和＿＿＿＿＿＿两种类型。

三、单项选择题

1. 下列选项中，(　　) 属于商务人员应具有的道德素质。

A. 爱岗敬业　　B. 针锋相对

C. 吹毛求疵　　D. 大包大揽

2. (　　) 式的管理风格容易导致商务人员产生紧张、压抑、焦虑等不良情绪，影响其心理健康。

A. 命令　　B. 民主　　C. 模范　　D. 亲和

3. 信息收集的第一原则是 (　　)，即保证所收集信息要真实、准确。

A. 及时性　　B. 真实性　　C. 连续性　　D. 针对性

4. 信息的收集要力求具有 (　　)，尽量使信息能够从整体上系统地反映事物。

A．连续性　　B．时效性　　C．针对性　　D．全面性

5．选择（　　）的商务沟通环境时，首先要考虑环境的封闭性。

A．纪律性谈话　　B．学术探讨

C．拜访客户　　D．会议报告

6．在结构化表达的整个层级结构中，上面一层对下面一层起概括和总结的作用，同时，下面一层对上面一层起支撑作用，这描述的是（　　）的特点。

A．分类清楚　　B．逻辑推进

C．以上统下　　D．主题明确

7．下列选项中，（　　）的表述通常使用行动性语句，其目的在于告诉对方要做什么事情，并且说明采取行动后可能取得的成果和达到的效果，或者可能实现的目标。

A．描述性主张　　B．行动性主张

C．清晰表达　　D．辅助结构

8．下列选项中，（　　）属于形象化的方式辅助结构性表达。

A．讲故事　　B．背诗词　　C．聊创作　　D．编歌曲

9．采取（　　）方式应对冲突沟通时，双方将自己的诉求和对方的诉求都当成双方共同的问题来处理，既关心自己也关心他人，并尝试为冲突寻求新的解决办法，促成共赢。

A．对峙　　B．逃避

C．合作　　D．顺应

10．下列选项中，（　　）不属于结构化表达常用的思维框架。

A．“SWOT”　　B．“MECE”　　C．“5W1H”　　D．汇报性总结

四、多项选择题

1．职业素质主要体现在（　　）等方面。

A．职业兴趣　　B．职业能力　　C．职业个性　　D．职业道德

2．下列选项中，（　　）属于商务人员应当具备的职业素质。

A．良好的道德素质　　B．丰富的知识储备

C．全面的能力素质　　D．勇气

3．下列选项中，（　　）属于商务人员应当具备的全面的能力素质。

A．逻辑思维能力　　B．沟通协调能力

C．语言表达能力　　D．开拓创新能力

4．下列选项中，（　　）会影响商务人员的心理。

A．自卑心理　　B．自负心理　　C．狭隘心理　　D．新见解

5．以下属于信息准备原则的有（　　）。

A．真实性　　B．全面性　　C．连续性　　D．经济性

6．倾听的作用包括（　　）。

A．可以鼓励对方表达

B．可以改善人际关系

C．可以帮助商务人员更有力地说服对方

D．可以帮助商务人员获取重要信息

7．以下属于倾听技巧的有（　　）。

A．明确倾听目的　　B．保持开放心态

C．克服惯性思维　　D．配合给予反馈

8．结构化表达的作用包括（　　）。

A．有利于清晰思考　　B．有利于清晰表达

C．有利于加深印象　　D．沟通信息

9．结构化表达技巧包括（　　）。

A．界定问题　　B．确定主题

C．构建框架　　D．清晰表达

10．以下属于冲突沟通的应对方式的有（　　）。

A．对峙　　B．合作　　C．妥协　　D．顺应

五、判断题

1．沟通协调能力是人际交往能力的一个重要方面，商务人员应能够妥善处理与上级、同级、下级的关系，且能够调动各方面的工作积极性。（　　）

2．良好的身体素质可以帮助商务人员更好地参与节奏快、压力大的商务活动。（　　）

3．信息收集的途径包括利用公开资源收集信息和通过实地考察收集信息。（　　）

4．在倾听的过程中，商务人员不必理解讲话者的手势、面部表情等信息，只需要认真听对方所说的话就可以。（　　）

5．结构化表达是结构化思维与利他思维两种基本沟通理念的结合。（　　）

6．结构化思维通常强调结论先行，即要先用一句简单的话概括整个表达内容的中心思想。（　　）

7．以下两种情境适合结论先行：一是传递负面信息时，二是当受众对结论可能持反对态度时。（　　）

8．商务人员不必进行表达框架的构建，只要有描述性主张即可。（　　）

9．管理者应大力倡导建设性冲突，引入良性冲突机制，对那些敢于打破常规、提出不同看法和进行独立思考的个体给予大力奖励。（　　）

10．冲突绝不可能促使双方去发现问题并合作。（　　）

六、简答题

1．培养和提高职业素质的方法是什么？具体体现在哪里？

2．提高抗压能力的方法有哪些？

3．倾听者障碍的成因是什么？

4．冲突沟通的意义是什么？

5. 简述冲突沟通的技巧。

七、综合分析题

1. 请借助书本、网络等，将下面关于商务沟通前的信息准备的图片补充完整。

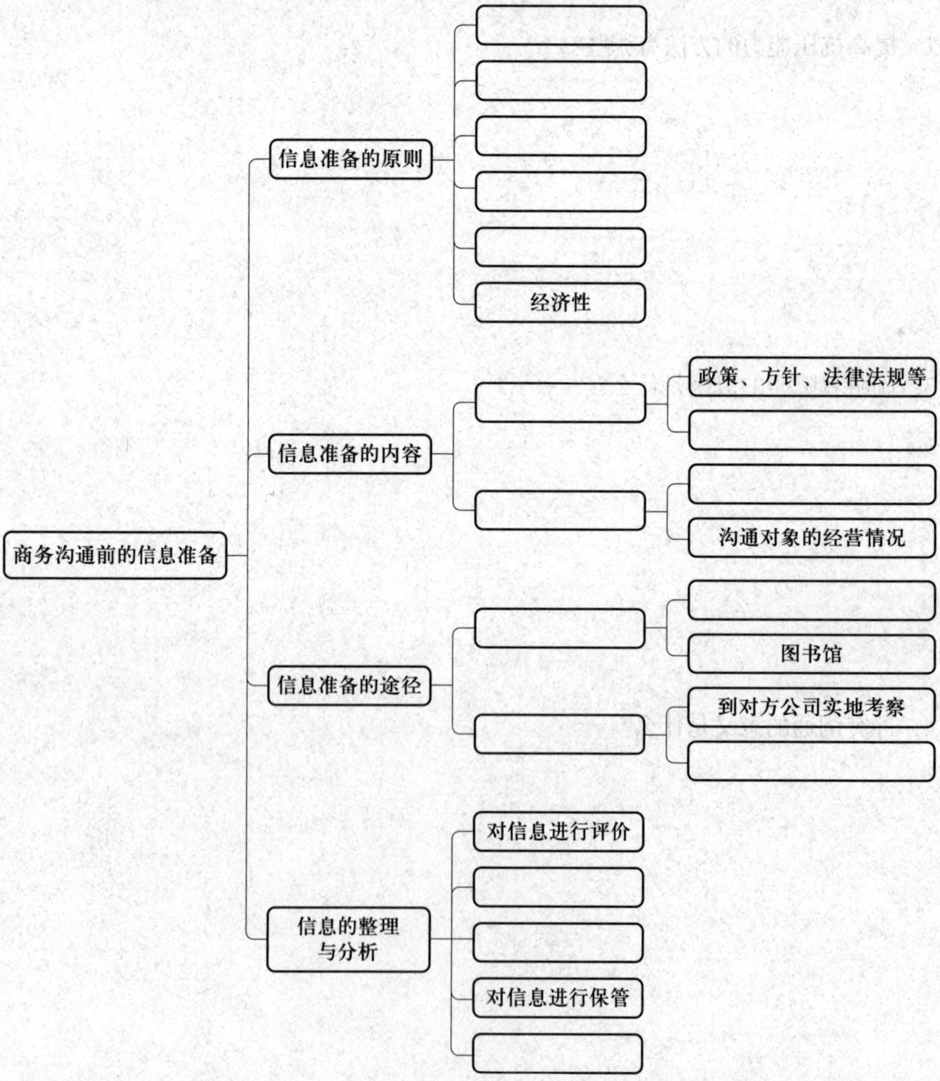

2. 将下列左、中、右三栏相关联的内容用直线连接起来。

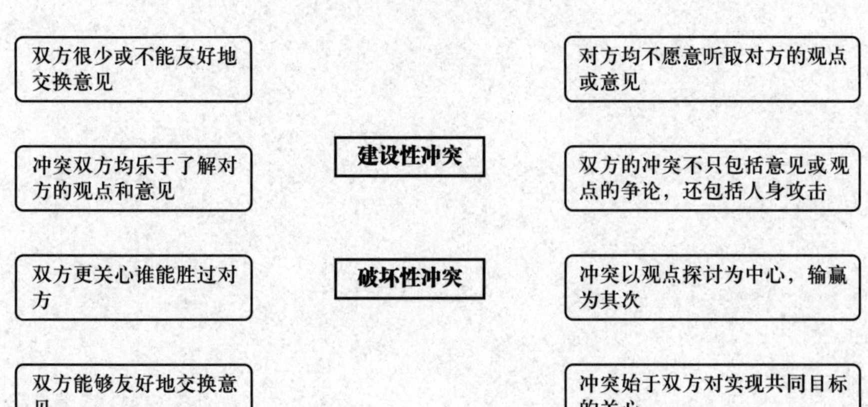

3. 阅读下列案例，回答问题。

关于新产品推广的商务沟通

背景：

某公司即将推出一款创新型智能手表，市场部门与销售部门就此商讨推广策略。

市场部门观点：

我们通过市场调研发现，目标客户群体为年轻的科技爱好者，注重健康和时尚。建议采用线上社交媒体和线下体验店相结合的推广方式。线上，利用热门社交平台进行精准广告投放并与网红合作；线下，在主要城市开设体验店，让消费者亲身感受产品优势。

销售部门观点：

认同市场部门的调研和推广方向。但在销售渠道方面，除了自有的线上和线下店铺，还应与大型电商平台合作，获取更多流量。同时，制定灵活的促销策略，如首发优惠、组合购买折扣等，以刺激购买欲望。

双方共识：

确定了以“时尚健康，智能生活”为核心宣传点。线上和线下推广同步进行，紧密配合。明确分工，市场部门负责宣传的策划和执行，销售部门负责渠道拓展和销售跟进。建立定期沟通机制，每周汇报进展并调整策略。

结果预期：

通过双方的协同努力，预计在新产品上市后的第一个月内销售 10 万台，提高品牌知名度和市场占有率，为后续产品的推出奠定良好基础。

（1）本次商务沟通采取了什么形式？

（2）该沟通形式具体体现在哪些方面？

4. 阅读下列案例，回答问题。

供应合作的商务沟通

背景：某企业采购部门与一家潜在的供应商就长期合作事宜进行沟通。

采购部门负责人非常认真地表示："首先，感谢贵公司有与我们合作的意向。我们今天就是围绕着可以达成长期合作的目的，坐在一起进行真诚的洽谈。在开始之前，我想先听听贵方对于此次合作的想法以及具有的优势。"（表现出倾听的意愿，给予对方发言机会，并在沟通过程中保持身体前倾。）

供应商代表："非常感谢。我们公司在原材料供应方面有着多年的经验，能够保证稳定的质量和及时的交付。而且，我们还能根据客户的需求提供定制化的服务。"

采购部门负责人微笑着表示："嗯，我理解了。那么在价格方面，贵方有怎样的策略呢？"（通过提问，进一步引导对方表达，展现倾听的深入。）

供应商代表："价格方面，我们会根据订单量和合作期限给予一定的优惠。同时，我们也会不断优化成本，以提供更具竞争力的价格。"

采购部门负责人："好的，那么在售后服务方面呢？"（持续提问，确保全面了解。）

供应商代表："我们有专门的售后团队，能够在 24 小时内响应客户的问题和需求。"

采购部门负责人："非常感谢您详细的介绍。我想我们对贵公司有了更全面的了解。接下来，我们会进行内部讨论，然后再给您回复。"（总结对方观点，表明认真倾听和重视。）

（1）采购部门负责人运用了哪些倾听技巧？

（2）该倾听技巧具体体现在哪些方面？

5. 阅读下列案例，回答问题。

部门之间的资源分配冲突

一次，某公司销售部门和市场部门之间爆发了激烈的冲突。

销售部门抱怨市场部门的推广活动效果不佳，未能带来足够的潜在客户，导致销售业绩不佳。他们认为市场部门投入的资源没有针对性，浪费了公司的预算。

市场部门则反驳，销售部门没有充分利用他们提供的线索，跟进不及时，而且对推广活动的配合度不够。

为了解决这一冲突，公司组织了一次专门的沟通会议。会议开始时，双方仍各执一词，气氛紧张。然而，主持人引导双方先冷静下来，倾听对方的观点。销售部门详细阐述了他们在跟进客户过程中遇到的问题，以及对市场推广的期望。市场部门也说明了推广活动的策划思路和面临的困难。

在充分倾听后，双方发现彼此存在一些误解。最终，他们共同制定了新的资源分配方案和协作流程。市场部门将更精准地定位目标客户，销售部门则加强对线索的及时跟进和反馈。

通过这次沟通，两个部门消除了隔阂，明确了各自的责任，将为实现公司的销售目标共同努力。

（1）上述冲突属于哪种类型的冲突？

（2）这些冲突具体体现在哪些地方？

第四章　商务沟通实务

一、名词解释

1. 简历

2. 商务谈判

3. 对抗式谈判

4. 商务演讲

5. 危机沟通

二、填空题

1. 招聘是一个__________的过程，用人单位根据__________了解其基本情况，再决定是否给予求职者面试机会。

2. 了解应聘岗位的情况时应尽可能多地了解__________，并全面了解__________。

3. 简历中个人的__________应尽可能写得明白、清楚，应当把个人信息放在简历的__________，方便用人单位及时与求职者取得联系。

4. 在客户接待中，商务人员的职责是当好客户的__________，__________并做好各种必要的准备。

5. 陪同参观的安排原则包括适当安排__________，提前准备会见和会谈活动的__________。

6. 在对抗式谈判中，每一方都有自己__________，即目标点，也有自己__________，即抵制点。

7. 商务谈判可分为__________和__________。

8. 阐述即谈判双方表明各自对相关问题和利益的看法的过程，阐述内容包括双方对谈判__________，双方希望通过谈判__________和__________等。

9. 商务演讲主要包括__________演讲、__________演讲以及在特殊场合下做的评论等。

10. 发言人应尽量用__________来增强发言的说服力，侧重于对__________的描述和解释，切忌高谈阔论；要运用__________和准确的语言，帮助公众尽可能多地了解事实，以增强所发表言论的可信度。

三、单项选择题

1. 简历一般将“求职简历”或“个人简历”作为标题，放在简历顶端的（　　）位置。

A. 左侧　　B. 居中　　C. 右侧　　D. 最后

2. 当对方的来访事关重大，或己方非常希望拉近与对方的关系时，往往会选择以（　　）规格接待。

A. 高　　B. 低　　C. 平行　　D. 普通

3. 在商务接待的接送过程中，商务人员应当在（　　）环节检查车辆油耗和车内外的卫生情况，确认需要接的客户的姓名、到达时间、联系方式等信息，检查车内的物品配备，包括矿泉水、欢迎茶点、接机牌等。

A．出发前　　B．出发过程中　　C．出发后　　D．以上都不对

4．（　　）式谈判是指谈判双方旨在寻求一种或多种解决方案，以达到双赢目的的商务谈判。

A．合作　　B．竞争　　C．对抗　　D．询价

5．以下不属于商务谈判中的结束和实施阶段的是（　　）。

A．签订协议　　B．落实协议

C．谈判总结　　D．填写开放式问卷

6．以下不属于商务演讲的是（　　）。

A．商务会议发言　　B．商务报告　　C．口头推销　　D．技能培训

7．以下不属于商务演讲特点的是（　　）。

A．简洁性　　B．鼓动性　　C．艺术性　　D．及时性

8．下列演讲中，（　　）主要用来应对突发情况，它的灵活性强，但很难有其他突出的优势，因此在非必要情况下，最好不要采用这种方式。

A．提纲型演讲　　B．即兴演讲　　C．读稿型演讲　　D．记忆型演讲

9．由于危机的（　　）性特征，危机事件往往很难在短时间内得到妥善解决，因此危机必然会给公司造成破坏。

A．意外　　B．受关注　　C．时效　　D．科学

10．以下不属于危机沟通原则的是（　　）。

A．真诚原则　　B．重视利益相关者原则

C．核心立场原则　　D．谨慎原则

四、多项选择题

1．以下属于求职前期准备的有（　　）。

A．了解应聘岗位的情况　　B．准备对面试问题的回答

C．整理随身携带的材料　　D．其他准备工作

2．在面试前，求职者要尽可能通过各种渠道了解用人单位的（　　）。

A．产品情况　　B．市场情况

C．行业背景　　D．主要竞争对手

3．以下属于求职沟通技巧的有（　　）。

A．重视非语言沟通　　B．增强说服力

C．重视结束时的表现　　D．重视颜值

4．以下属于接待活动内容的有（　　）。

A．迎接　　B．会谈　　C．参观　　D．送行

5. 以下属于通用宴请形式的有（　　）。

A. 工作餐　　B. 宴会　　C. 招待会　　D. 茶会

6. 以下符合合作式谈判开展条件的有（　　）。

A. 信息的公开与双方的坦诚　　B. 一方对另一方需求的敏感性

C. 双方信任对方的能力　　D. 双方具有合作的愿望

7. 下列选项中，（　　）属于面向媒体的危机沟通技巧。

A. 制定方案，预先准备　　B. 明确陈述主题，表明立场

C. 用事实说话　　D. 把握话语主导权

8. 演讲者要根据（　　）选择演讲方式。

A. 演讲场合　　B. 听众特点

C. 演讲性质　　D. 演讲目的

9. 进行商务演讲应做的准备包括（　　）。

A. 明确目的　　B. 评估自己　　C. 了解听众　　D. 适应环境

10. 危机沟通者应具备的素质包括（　　）。

A. 具有强烈的危机意识，能够敏锐地洞察危机的发展趋势

B. 能够灵活应对各种复杂情况，敢于迎接挑战

C. 表达能力强，善于沟通和倾听

D. 富有同理心，能够站在多方立场上分析问题

五、判断题

1. 简历应力求简单明了，精美大方。简历内容应真实可信，既要突显自己的特点，又要有的放矢，还应避免文字差错。（　　）

2. 接待的物质准备主要包括接待环境和材料的准备。接待环境包括前台、会客室、办公室、走廊、楼梯等处，接待材料包括指示牌、引导牌、名牌等。（　　）

3. 迎送规格没有原则，迎送人员与来宾的身份也没有关系。（　　）

4. 会见和会谈活动的场地布置原则一致，主宾席、主人席通常安排在面对正门的位置，主宾座位通常安排在主人右侧，其他人员按规定顺序就座。（　　）

5. 商务谈判的过程就是谈判各方运用各种手段、技巧进行沟通的过程。（　　）

6. 在进行合作式谈判时，双方的目的都是使对方接受自己的目标点，或使谈判结果尽可能接近自己的目标点。（　　）

7. 为避免谈判时单刀直入，过于直接，影响谈判的融洽气氛，谈判人员可以采用迂回入题的技巧。（　　）

8. 开放式提问是指提问者提出的问题带有预设的答案，回答者的回答不需要展开，提

问者可以明确答案的提问方式。（　　）

9. 演讲只强调语言沟通，说服听众是演讲的主要目的。（　　）

10. 危机沟通不会减轻危机对企业的冲击，最多减轻一点儿损失。（　　）

六、简答题

1. 撰写简历有哪些策略？

2. 商务接待的日程安排有哪些内容？

3. 商务接待的宴请准备包含哪些内容？

4. 商务谈判的策略有哪些？

5. 进行商务演讲时克服焦虑的技巧有哪些？

七、综合分析题

1. 将下列关于商务演讲技巧的图片补充完整。

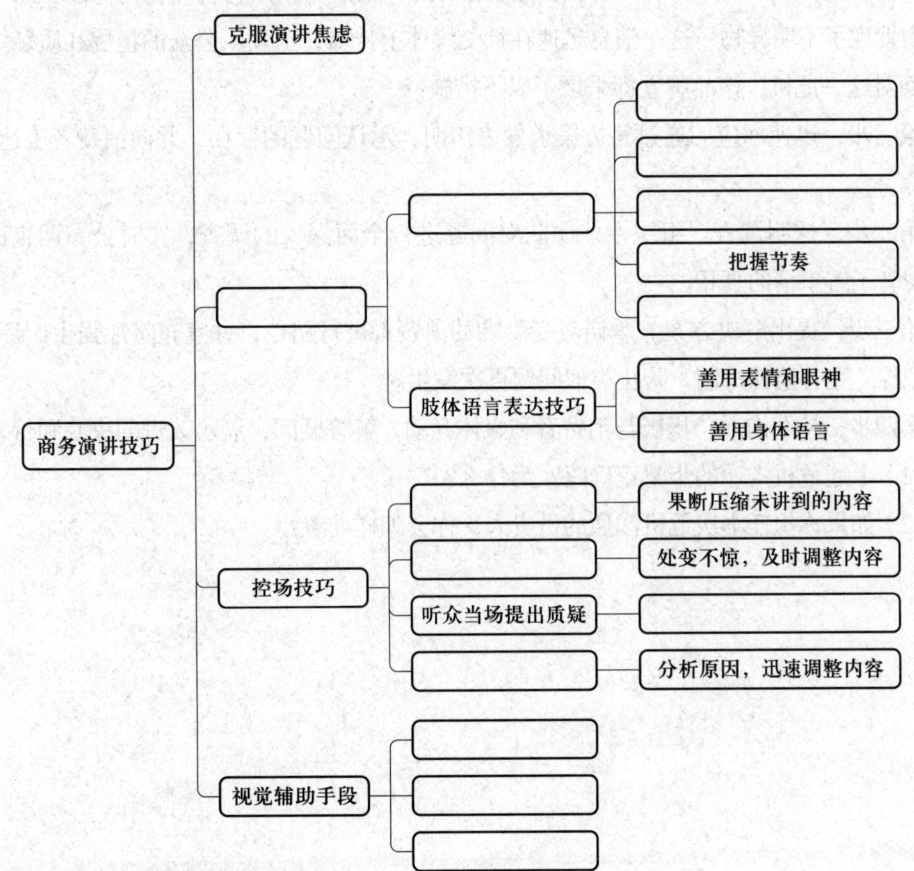

2. 将下列左、中、右三栏相关联的内容用直线连接起来。

左	中	右
着眼于短期目标，双方目标不协调，重视争取		相互提防
开诚布公，倾向于相信对方	对抗式谈判	着眼于长期目标，争取眼下利益和维护长期合作关系并重
设法满足对方需求，努力维护双方的合作关系	合作式谈判	强调己方的要求和利益
如果必须，可以妥协让步		让步越小越好

3. 阅读下列案例，回答问题。

某知名饮料品牌的危机沟通

20××年5月20日，某知名饮料品牌陷入了一场严重的危机。消费者反映在其部分产品中发现了不明异物，这一消息迅速在社交媒体上传播，引发了公众的担忧和质疑。

面对这一危机，该品牌立即采取了以下措施：

第一步，迅速回应。通过官方渠道发表声明，承认问题的存在，并向消费者表达诚挚的歉意。

第二步，透明调查。组织专业团队对问题进行全面深入的调查，实时公布调查进展，让消费者了解事情的真相。

第三步，提出解决方案。承诺对受影响的消费者进行赔偿，并宣布将加强生产环节的质量把控，完善监督机制，防止类似问题再次发生。

第四步，持续沟通。积极与消费者和媒体互动，解答疑问，展示改进的决心和行动。

（1）上述危机沟通的步骤正确吗？为什么？

（2）如果你担任本次危机沟通的负责人，你会怎样处置？

4. 阅读下列案例，回答问题。

乙公司的商务洽谈日程安排

背景：甲公司董事长张某定于 8 月 15 日早上 8:30 到乙公司，与乙公司董事长刘某及部分董事进行商务洽谈，以下是初步拟定的日程安排：

日期：8 月 15 日

上午：

9:00—9:30　张某抵达乙公司，销售部王经理在公司门口迎接。

9:30—10:30　在会议室简单介绍乙公司的情况，未准备产品资料和专业人员讲解。

中午：

12:00—13:00　安排午餐，饮食禁忌和偏好尚不明确。

下午：

13:00—14:00　双方就合作意向展开讨论，会议室常用，所以未对设备进行提前检查调试。

14:00—15:00　参观乙公司工厂，安全帽、防护服等安全装备属于常规准备，未提前检查。

15:00—17:00　继续商务洽谈。

17:00　洽谈结束，销售部王经理负责在门口送行。

（1）该洽谈活动的日程安排是否正确？如果不正确，存在哪些问题？

（2）该问题具体体现在哪些方面？

5. 阅读下面的材料，根据自身条件撰写一份求职简历。

W 食品公司招聘信息

W 食品公司创立于 1990 年，是一家在饮料领域深耕细作、追求卓越的企业。公司总部坐落于浙江省湖州市，拥有大规模的现代化生产基地，配备了先进的生产设备和高效的生产线。

公司致力于为消费者提供丰富多样、品质上乘的饮料产品。目前，公司的主打产品包括：

1. 鲜榨橙汁：精选优质橙子，采用先进压榨技术，保留了橙子的滋味和营养，口感醇厚，营养丰富。

2. 经典绿茶：选用上等茶叶，精心炒制，冲泡出的茶汤清澈，茶香清幽，回味甘甜，清热解渴。

3. 草莓味碳酸饮料：气泡丰富细腻，草莓味浓郁香甜，带来劲爽的口感体验，是年轻人喜爱的时尚饮品。

4. 蓝莓果汁：富含蓝莓果粒，果香四溢，酸甜可口，富含抗氧化成分，有助于保持健康。

5. 柠檬蜂蜜水：将新鲜柠檬与优质蜂蜜完美融合，口感清新，具有滋润养颜的作用。

6. 运动能量饮料：特别添加多种维生素和矿物质，能够迅速补充体力，为运动爱好者和忙碌的现代人提供充沛能量。

公司始终坚持严格的质量控制体系，从原材料采购到生产加工，再到成品检测，每一个环节都精益求精，确保消费者喝到的每一口饮料都安全放心。在市场拓展方面，公司积极与各地经销商合作，产品畅销全国，并逐步走向国际市场。

现因公司业务扩展，诚聘以下人才：

1. 生产技术员：熟悉饮料生产流程，具备设备操作和维护能力。

2. 质量检测员：具有相关专业背景，工作认真负责，能够确保产品质量。

3. 市场营销专员：具备市场开拓能力，能制定有效的营销方案。

4. 办公室专员：不限专业，有创新思维，熟练使用计算机和办公软件。

5. 直播带货专员：形象好，气质佳，普通话标准，具有直播带货经验。

公司提供良好的工作环境和发展空间，期待您的加入！

欢迎各界朋友前来参观、合作，共同开创美好未来！